ALPHABET
CHRÉTIEN
ou
RÈGLEMENT
POUR LES ENFANTS
QUI FRÉQUENTENT LES ÉCOLES CHRÉTIENNES

ANNECY
CH. BURDET, IMPRIMEUR-LIBRAIRE
—
1865

Notre Sainte Mère, priez pour nous.

✠ A B C D
E F G H I
J K L M N
O P Q R S
T U V X Y
Z Æ OE.

(4)

✠ a b c d

e f g h i j

k l m n o p

q r s t u v

x y z æ œ

fi ffi fl ffl.

Ba be bi bo bu
Ca ce ci co cu
Da de di do du
Fa fe fi fo fu
Ga ge gi go gu
La le li lo lu
Ma me mi mo mu
Na ne ni no nu
Pa pe pi po pu
Qua que qui quo quu
Ra re ri ro ru

Sa se si so su
Ta te ti to tu
Va ve vi vo vu
Xa xe xi xo xu
Za ze zi zo zu
é è ê bé dè rê

---

an, on, un, or, et,
au, s'y, est, lui,
pas, loi, jeu, air,
mur, nous, mais,

vous, fils, point, temps, dans, jour, dix, corps, main, dent, pied, le, pont, tour, la, long, haut, les, banc, bois, du, cent, deux, si, a-me, père, ange, tête, heure, pa-ge, enfer, esprit,

com me, beau-
coup, em ploi,
pre mier, clas se,
li vre, ta ble, se-
cond ; pren dre,
ami, ciel, tré sor,
sain te, mê me,
vil le, ap pel, se-
cours, gla ce, fau-
te, dé faut, ver-
tu, fi xer, Mes-

se, si gnal, gout-
te, e xil, lar me.
ar bre, ha ir, de-
cret. stal le, ai-
mer, Pa ra dis,
é co le, A pô tre,
é toi le, E gli se,
dis ci ple, o rai-
son, doc tri ne,
pa ro le, pen-
si on, nou vel le,

vil la ge, fa mil le,
Sain te Vier ge.

---

† Au nom du Père, et du Fils, et du St.-Esprit. Ainsi soit-il.

L'Oraison Dominicale.

No tre Pè re, qui ê tes aux cieux, que vo tre nom soit sanc ti-fi é, que vo tre rè gne ar ri ve,

que vo tre vo-
lon té soit fai te
sur la ter re com-
me au ciel ; don-
nez-nous au jour-
d'hui no tre pain
quo ti di en ; et
nous par don nez
nos of fen ses
com me nous par-
don nons à ceux

qui nous ont of-
fen sés; et ne nous
lais sez pas suc-
com ber à la ten-
ta tion ; mais dé-
li vrez - nous du
mal. Ain si soit-il.

La Salutation Angélique.

Je vous sa lu e,
Ma ri e , plei ne
de grâ ces ; le Sei-

(13)

gneur est avec vous; vous êtes bénie entre toutes les femmes, et Jésus, le fruit de vos entrailles, est béni.

Sainte Marie, mère de Dieu, priez pour nous, pauvres pé-

cheurs, main te-
nant et à l'heu re
de no tre mort.
Ain si soit-il.

Le Symbole des Apôtres.

Je crois en
Dieu, le Père
tout - puis sant,
cré a teur du ciel
et de la ter re, et
en Jé sus-Christ

son Fils u ni que
no tre Seigneur ;
qui a é té con çu
du Saint-Es prit ;
est né de la
Vier ge Ma rie ;
a souf fert sous
Pon ce - Pi la te ;
a é té cru ci fi é,
est mort, et a
é té en se ve li ;

qui est des cen-
du aux en fers;
et le troi siè me
jour est res sus-
ci té des morts ;
est mon té aux
Cieux, est as sis
à la droi te de
Dieu le Pè re
tout - puis sant ;
d'où il vien dra

ju ger les vi vans et les morts. Je crois au St.-Es- prit ; la sain te E gli se ca tho li- que; la com mu- ni on des Saints; la ré mis si on des pé chés ; la ré sur rec ti on de la chair ; la vi e ma fau te, c'est ma fau te, c'est ma très-gran de fau te : c'est pour- quoi je sup pli e la bien heu reu se Ma rie tou jours Vier ge, saint Mi- chel Ar chan ge, Saint Jean-Bap- tis te, les A p ôtres saint Pierre et saint Paul, tous les Saints, et vous, mon Père, de prier pour moi le Seigneur notre Dieu.

Que le Dieu tout-puissant nous fasse miséricorde, qu'il

nous par don ne
nos pé chés, et
nous con dui se à
la vie é ter nel le.
Ain si soit-il.
Que le Sei-
gneur tout-puis-
sant et mi sé ri-
cor di eux nous
ac cor de l'in dul-
gen ce. l'ab so lu-

lu tion et la ré-
mis si on de nos
pé chés.

Ain si soit-il.

ACTES DES VERTUS THÉOLOGALES.

Acte de Foi.

Mon Dieu, je crois fermement tout ce que la sainte Eglise catholique, apostolique et romaine m'ordonne de croire, parce que c'est vous, ô vérité infaillible! qui le lui avez révélé.

Acte d'Espérance.

Mon Dieu, j'espère, avec une ferme confiance, que vous me donnerez, par les méri tes de Jé sus-Christ, vo tre grâ ce en ce mon- de ; et si j'ob ser ve vos Com man de mens, vo tre gloi re en l'au tre, par- ce que vous me l'a vez pro mis ; et que vous ê- tes sou ve rai ne ment fi- dè le dans vos pro mes- ses.

Acte de Charité.

Mon Dieu, je vous ai- me de tout mon cœur, de tout mon es prit, de tou te mon a me et de tou tes mes for ces, par- des sus tou tes cho ses ;

par ce que vous êtes in-
finiment bon et infini-
ment aimable; et j'ai-
me mon prochain com-
me moi-même, pour l'a-
mour de vous.

Acte de Contrition.

Mon Dieu, j'ai un ex-
trême regret de vous
avoir offensé, par ce
que vous êtes infini-
ment bon, infiniment
aimable, et que le pé-
ché vous déplait; par-
donnez-moi par les mé-
rites de Jésus-Christ; je
me propose, moyen-

nant vo tre sain te grâ-
ce, de ne plus vous of-
fen ser et de fai re pé ni-
ten ce.

AVIS

A UN ENFANT CHRÉTIEN.

1. Re tour nez de l'E-
co le à la Mai son, sans
vous ar rê ter par les
rues ; mo des te ment,
c'est-à-di re sans cri er,
ni of fen ser per son ne.
Au con trai re, si l'on
vous in ju rie et of fen se,
en du rez-le pour l'a mour

de Notre Seigneur, et dites en vous-même : Dieu vous donne la grâce de vous repentir de votre faute, et vous pardonne comme je vous pardonne.

2. Gardez-vous bien de jurer, de vous mettre en colère, de dire des paroles sales, de faire aucune action des honnêtes.

3. Quand vous passez devant quelque Croix, ou quelque image de notre Seigneur, de la

Très-Sainte Vierge ou des Saints, faites une respectueuse inclination.

4. Quand vous rencontrerez quelque personne de votre connaissance, saluez-la le premier, parce que c'est une action d'humilité.

5. Saluez les personnes que vous rencontrerez selon la coutume du lieu et l'instruction qu'on vous aura donnée.

6. Quand vous entrez chez vous, ou dans

quelque autre maison, saluez ceux que vous y trouverez.

7. Quand vous ferez quelque action, faites dévotement le signe de la sainte Croix, avec intention de faire au nom de Dieu, et pour sa gloire, ce que vous allez faire.

8. Quand vous parlez avec des personnes de considération, répondez humblement : Oui, Monsieur, ou Madame; non Monsieur, etc., sé-

lon qu'on vous in ter ro-
ge ra.

9. Si ceux qui ont pou voir sur vous, vous com man dent quel que cho se qui soit hon nê te, et que vous puis siez fai-re, o bé is sez-leur vo-lon tiers et promp te ment.

10. Si l'on vous com-man dait de di re quel-que pa ro les, ou de fai re quel que ac tion mau vai-ses, ré pon dez que vous ne le pou vez point fai re, d'au tant que ce la dé-plaît à Dieu.

11. Quand vous voudrez manger, lavez-vous premièrement les mains, puis dites le Benedicite, ou autre Bénédiction, avec piété et modestie.

12. Lorsque vous voudrez boire, prononcez tout bas le saint nom de Jésus.

13. Toutes les fois que vous nommerez ou entendrez nommer Jésus ou Marie, vous ferez une inclination respectueuse.

14. Gar dez-vous bien, à ta ble ou ail leurs, de de man der, de pren dre et de sous trai re en ca- chet te, ou au tre ment, ce qu'on au ra ser vi, et mê me vous ne le de vez pas re gar der a vec envie.

15. Quand on vous don- ne ra quel que cho se, re- ce vez-le a vec res pect, et re mer ciez ce lui ou cel le qui vous l'au ra don né.

16. Ne vous as se yez point à ta ble, si l'on ne vous y in vi te.

17. Man gez et bu vez dou ce ment et hon nê- te ment, sans a vi di té et sans ex cès.

18. A la fin de cho- que re pas, di tes dé va- te ment les Gra ces, en- sui te sa lu ez res pec- tu eu se ment les per son- nes a vec les quel les vous a vez pris, vo tre re pas, et re mer ci ez ceux qui vous a vaient in vi té.

19. Ne sor tez point de vo tre mai son sans en de- man der et sans en avoir ob te nu la per mis sion.

20. N'al lez pas a vec les en fans vi ci eux et mé chans, car ils peu vent vous nui re pour le corps et pour l'a me.

21. Quand vous au rez em prun té quel que cho-se, ren dez-le au plus tôt, et n'at ten dez pas qu'on vous le de man de.

22. Lors que vous au-rez à par ler à quel que per son ne d'au to ri té qui se ra oc cu pée, pré sen-tez-vous avec res pect, et at ten dez qu'el le ait le loi sir de vous par ler

et qu'elle vous demande ce que vous lui voulez.

23. Si quelqu'un vous reprend, ou vous donne quelque avertissement, remerciez-le avec humilité.

24. Ne tutoyez personne, non pas même les serviteurs, les servantes et les pauvres.

25. Allez au-devant de ceux qui entrent chez vous, pour les saluer.

26. Si quelqu'un de ceux de la maison, ou autre, dit ou fait, en

vo tre pré sen ce, quel-
que cho se de mal-à-
pro pos et in di gne d'un
Chré tien, té moi gnez par
quel que si gne la pei ne
que vous en res sen tez.

27. Quand les pau vres
de man dent à vo tre por-
te, pri ez vo tre pè re, ou
vo tre mè re, ou ceux
chez qui vous de meu rez,
de leur fai re l'au mô ne
pour l'a mour de Dieu;
fai tes-la-leur vous-mê me
lors que vous le pou vez.

28. Le soir, a vant de
vous al ler cou cher, a-

près a voir, sou hai té le bon soir à vos père et mère, ou autres; mettez-vous à genoux auprès de votre lit, ou devant quelque image, et dites votre prière avec attention et dévotion. Ensuite, prenez de l'eau bénite, et faites le signe de la sainte Croix, sur vous et sur votre lit.

29. Le matin, en vous levant, faites le signe de la sainte Croix: et étant habillé, mettez-

vous à genoux, et dites dévotement la prière du matin. Ensuite, souhaitez le bonjour à vos père et mère et au tres personnes de la maison.

30. Tous les jours, si vous le pouvez, entendez la sainte messe dévotement et à genoux, et levez-vous qnand le Prêtre dit l'Evangile.

31. Quand vous entendrez sonner l'ANGELUS, récitez-le.

32. Soyez toujours prêt à aller à l'Ecole,

et ap pre nez soi gneu se-
ment les cho ses que vos
maî tres vous en seig nent;
so yez - leur bien o bé is-
sant et res pec tu eux.

33. Gar dez - vous bien
de men tir en quel que
ma ni è re que ce soit,
car les men teurs sont les
en fans du dé mon qui est
le pè re du men son ge.

34. Sur tout, gar dez-
vous de dé ro ber au cu-
ne cho se, ni chez vous,
ni ail leurs, parce que
c'est of fen ser Dieu, c'est
se ren dre o di eux à tout

le monde et prendre le chemin d'une mort infâme.

35. Enfin, tous vos principaux soins, tandis que vous vivez en ce monde, doivent tendre à vous rendre agréable à Dieu et à ne le point offenser, afin qu'après cette vie mortelle vous soyez préservé de l'enfer et possédiez la gloire du Paradis.

Ainsi soit-il.

En entrant dans l'Eglise.

Divin Jésus, je crois que vous êtes ici présent : je vous adore, je vous loue, je vous reconnais pour mon Créateur et mon Sauveur, et j'unis mes humbles adorations à celles que la très-sainte Vierge, les Anges et les Saints vous rendent dans le Ciel, et j'offre à la très-sainte Trinité celles que vous lui rendez dans le très-saint Sacrement de l'Autel.

Loués... Notre Père... Je vous salue...

ABRÉGÉ

DE CE QU'IL FAUT SAVOIR, CROIRE ET PRATIQUER POUR ÊTRE SAUVÉ.

1. Il n'y a qu'un Dieu ; il ne peut y en avoir plusieurs. Dieu possède toutes les perfections ; il est infiniment saint, juste, bon ; il est tout-puissant, souverain, éternel, c'est-à-dire qu'il a toujours été et sera toujours. Dieu est un pur esprit, il n'a point de corps : on ne peut le voir : il connaît tout, jusqu'à nos plus secrètes pensées.

2. Il y a en Dieu trois Personnes, réellement distinctes l'une de l'autre : la première, le Père ; la seconde, le Fils ; la troisième, le Saint-Esprit. Le Père est Dieu, le Fils est Dieu, le Saint-Esprit est Dieu ; cependant ce ne sont

pas trois Dieux, mais trois Personnes égales en toutes choses, qui ne sont qu'un même Dieu, parce qu'elles n'ont qu'une même nature et essence divine. C'est là ce qu'on appelle le Mystère de la très-sainte Trinité.

3. C'est Dieu qui a créé le ciel et la terre, et tout ce qu'ils renferment; il les a fait de rien par sa seule volonté. Il a créé les Anges; les uns ont péché par orgueil, et sont dans l'enfer; les autres, restés attachés à Dieu, sont heureux dans le ciel. Dieu a fait les astres, la terre, les animaux, les plantes pour l'usage de l'homme; mais il a fait l'homme à son image, et uniquement pour connaître, aimer, servir son Dieu, sur la terre, et par ce moyen, gagner le Paradis.

4. Le premier homme et la première femme désobéirent à Dieu,

et se rendirent coupables, eux et tous leur descendans; et c'est à cause de la désobéissance de nos premiers parens que nous apportons tous, en venant au monde, le péché originel. En punition de ce péché, ils méritèrent pour eux et pour tous leurs descendans, ou pour tous les hommes, les souffrances, les peines, la mort, la colère de Dieu et la damnation éternelle.

5. Dieu, cependant voulut bien offrir aux hommes le pardon et même le ciel; et pour cela, la seconde Personne de la très-sainte Trinité, le Fils de Dieu, se fit homme; il prit un corps et une ame pour souffrir, et par ce moyen, payer à la justice de Dieu ce que nous lui devons, et nous délivrer de la puissance du démon. Le Fils de Dieu fait homme s'appelle Jésus-Christ.

6. Ainsi, dans la très-sainte Trinité, le Père est vrai Dieu, mais pas homme; il n'a pas de corps; il en est de même du Saint-Esprit; mais le Fils, vrai Dieu, comme le Père et le Saint-Esprit, s'est fait homme pour nous racheter; il a toujours été Dieu; mais il ne s'est fait homme que depuis environ mille huit cents ans. Sans lui, nous aurions tous été privés du ciel.

7. Le Fils de Dieu prit un corps, formé par l'opération du Saint-Esprit, dans le sein de la très-sainte Vierge Marie, qui ne cessa pas d'être Vierge : c'est là le Mystère de l'Incarnation; on en fait la fête le 25 Mars. Il vint au monde la nuit de Noël, dans une étable; il vécut sur la terre environ trente trois ans, dans la pauvreté, l'humilité et la pratique de toutes les vertus. Il enseigna

Évangile, fit un très-grand nombre de miracles pour prouver sa divinité ; et toutes les prophéties par lesquelles Dieu l'avait anoncé aux hommes, s'accomplirent à la lettre dans sa Personne.

8. Il est mort comme Homme-Dieu sur une croix, pour nos péchés, le Vendredi-Saint : c'est là le Mystère de la Rédemption. Il s'est ressuscité lui-même le troisième jour après sa mort, le jour de Pâques ; il est monté au ciel par sa propre vertu, le jour de l'Ascension, quarante jours après sa Résurrection ; il en descendra à la fin du monde, pour juger tous les hommes, qui mourront tous et ressusciteront ; il donnera le Paradis aux justes ; mais pour ceux qui seront morts en péché mortel, tels que les impies, les jureurs, les vindicatifs, les impudiques, les ivrognes, etc., il les condam-

nera à l'enfer; le ciel et l'enfer dureront éternellement, c'est-à-dire sans fin.

9. L'Eglise est la société de ceux qui professent la véritable Religion enseignée par Jésus-Christ; c'est l'Eglise Catholique, Apostolique et Romaine. Il faut obéir à ceux qui la gouvernent par l'autorité de Jésus-Christ; ce sont les Evêques, et spécialement N. S. P. le Pape, qui, comme Chef, Successeur de Saint Pierre et Vicaire de Jésus-Christ a l'autorité sur tous les Evêques, et sur tous les Fidèles; c'est le seul moyen de ne pas tomber dans l'erreur, selon la promesse de Jésus-Christ. Hors de l'Eglise point de salut; ainsi tous ceux qui n'appartiennent pas à l'Eglise, ou qui ne lui obéissent pas, seront damnés. L'Eglise est composée des Saints qui sont dans le ciel, des

ames qui sont en Purgatoire, et des Fidèles qui sont sur la terre; nous participons aux mérites des Saints et des Fidèles, et nous pouvons soulager les ames du Purgatoire par nos prières et nos bonnes œuvres.

Toutes ces vérités sont renfermées dans le Symbole des Apôtres, *Je crois en Dieu*, etc. On doit les croire fermement, non sur la seule parole des hommes qui les annoncent, mais parce qu'elles ont été révélées de Dieu même, et qu'elles sont enseignées par l'Eglise, qui est infaillible.

10. Pour se sauver, il faut non-seulement croire fermement toutes ces vérités, mais il faut encore vivre chrétiennement; il faut observer les Commandemens de Dieu et de l'Eglise, pratiquer les vertus et fuir le péché.

Il y a dix Commandemens de

Dieu : le premier nous oblige de l'aimer et de l'adorer lui seul, et d'aimer le prochain comme nous-même pour l'amour de Dieu ; le second, d'honorer son saint Nom, et nous défend de le profaner par les juremens ; le troisième nous ordonne d'employer le Dimanche à la prière et aux bonnes œuvres, et nous défend les travaux serviles ; le quatrième ordonne d'honorer Pères et Mères, et tous les Supérieurs ; le cinquième défend de tuer et de faire mal à personne, de donner mauvais exemple, de dire ou penser mal de personne, et ordonne de pardonner à tous ; le sixième défend toute impureté et tout ce qui peut y conduire ; le septième défend de prendre et de retenir le bien des autres, et de leur causer aucun dommage ; le huitième défend de porter faux témoignage et de mentir ; le neuvième défend le désir des mauvaises actions défendues par le sixième Commandement, et de s'arrêter à aucune pensée d'héshonnête ; le dixième défend de désirer injustement le bien des autres.

L'Eglise ordonne principalement six choses : 1. de sanctifier les fêtes qu'elle commande ; 2. d'assister à la Messe avec attention, les Dimanches et les Fêtes ; 3. de se confesser au moins une fois l'an ; 4. de communier au moins une fois l'an, à sa Paroisse, dans la quinzaine de Pâques ; 5. de jeûner les Quatre-Temps, les Vigiles et tout le Carême ; 6. de s'abstenir de manger gras les Vendredis, les Samedis et autres jours d'abstinence.

11. Mais, pour obéir à Dieu et à l'Eglise, nous avons absolument besoin de la grâce de Dieu, et pour l'obtenir, il faut la lui

demander souvent par d'humbles et ferventes prières, et toujours au nom de Jésus-Christ. La plus excellente des Prières, c'est *Notre Père*, etc., parce que Jésus-Christ lui-même l'a enseignée. Il est encore très-utile d'invoquer la très-sainte Vierge et les Saints, parce qu'ils peuvent beaucoup nous aider par leur intercession.

12. Jésus-Christ a institué les Sacremens pour nous donner sa grace, en nous appliquant les mérites de ses souffrances et de sa mort; il y en a sept: le Baptême, la Confirmation, la Pénitence, l'Eucharistie, l'Extrême-Onction, l'Ordre et le Mariage.

13. Il y en trois qu'il est plus essentiel de connaître, savoir: le Baptême, sans lequel personne n'est sauvé: toute personne peut baptiser en cas de danger de mort; il faut pour cela verser de l'eau

naturelle sur la tête; elle doit couler sur la peau, et non pas seulement sur les cheveux, et la même personne dit, au moment qu'elle la verse: Je te baptise au nom du Père, et du Fils, et du Saint-Esprit. Le Baptême efface en nous le péché originel, nous donne la vie de la grace, et nous fait enfant de Dieu et de l'Eglise.

14. Le Sacrement de Pénitence est établi pour remettre les péchés commis après le Baptême; mais, pour en obtenir le pardon par ce Sacrement, il faut les confesser tous, du moins les mortels, sans en cacher un seul; avoir une très grande douleur d'avoir offensé Dieu; demander très-instamment cette douleur à Dieu, être fermement résolu de ne les plus commettre et d'en quitter les occasion; enfin, être décidé à faire les réparations et pénitences que le

Prêtre impose. Si une seule de ces dispositions manque, l'absolution reçue est un grand crime de plus, et un sacrilége.

15. L'Eucharistie est le plus auguste de tous les Sacremens, parce qu'il contient Jésus-Christ tout entier, vrai Dieu et vrai Homme; son corps, son sang, son ame, sa divinité; à la Messe, par les paroles de la Consécration que le Prêtre prononce, la substance du pain et du vin est changée au Corps de Jésus-Christ, et il n'en reste plus que les apparences.

Ainsi, lorsque le Saint-Sacrement est exposé sur l'Autel, ou lorsqu'il est dans le Tabernacle, c'est Jésus-Christ réellement présent qu'on adore; et quand on communie, c'est Jésus-Christ qu'on reçoit pour être la nouriture spirituelle de l'ame. Ce n'est pas son image, ni sa figure, comme sur un

Crucifix, mais c'est Jésus-Christ lui-même, c'est-à-dire le même Fils de Dieu, le même Jésus-Chist qui est né de la Très-Sainte Vierge Marie, qui est mort pour nous sur la Croix, qui est ressussité, monté au ciel, qui est dans la sainte Hostie aussi véritablement qu'il est au ciel. Pour bien communier, il faut n'avoir sur la conscience aucun péché mortel; s'il y en avait un seul, on commettrait un énorme crime, un sacrilége; on mangerait et boirait, dit Saint Paul, son jugement et sa propre condamnation.

16, Il faut mourir; le moment de notre mort est incertain; de ce moment dépend notre bonheur ou malheur éternel; le Paradis ou l'Enfer, sera notre partage pour toujours, selon l'état de grace ou de péché où nous nous trouverons à la mort. Pensons-y bien.

17. Les principales vertus d'un Chrétien sont : la Foi, l'Espérance et la Charité ; 1. la Foi est un don de Dieu par lequel nous croyons fermement toutes les vérités qu'il a révélées à son Eglise ; 2. l'Espérance est un don de Dieu par lequel nous attendons, avec confiance, le ciel et les graces pour y parvenir ; 3. la Charité est un don de Dieu par lequel nous aimons Dieu par-dessus toutes choses, pour l'amour de lui-même, et notre prochain comme nous-même pour l'amour de Dieu.

Tout Chrétien est obligé de faire souvent des Actes de Foi, d'Espérance et de Charité, dès qu'il a l'usage de la raison, et lorsqu'il est en danger de mort.

PRIÈRES
PENDANT LA SAINTE MESSE.

AU COMMENCEMENT DE LA MESSE.

Faites-moi la grace, ô mon Dieu, d'entrer dans les dispositions où je dois être pour vous offrir dignement, par les mains du prêtre, le Sacrifice redoutable auquel je vais assister. Je vous l'offre, en m'unissant aux intentions de Jésus-Christ et de son Eglise, 1. pour rendre à votre divine Majesté l'hommage souverain qui lui est dû; 2. pour vous remercier de tous vos bienfaits; 3. pour vous demander avec un cœur contrit la rémission de mes péchés; 4. enfin, pour obtenir tous les secours qui me sont nécessaires pour le salut de mon ame et la vie de mon corps. J'espère toutes ces graces de vous, ô mon Dieu, par les mérites de Jésus-Christ votre Fils, qui veut bien être lui-même le Prêtre et la victime de ce Sacrifice adorable.

Au Confiteor.

Quoique, pour connaître mes péchés, ô mon Dieu! vous n'ayez pas besoin de ma confession, et que vous lisiez dans mon cœur toutes mes iniquités, je vous les confesse néanmoins à la face du ciel et de la terre; j'avoue que je vous ai offensé par mes pensées, paroles et actions. Mes péchés sont grands, mais vos miséricordes sont infinies. Ayez compassion de moi, ô mon Dieu! souvenez-vous que je suis votre enfant l'ouvrage de vos mains et le prix de votre sang. Vierge Sainte, Anges du ciel, Saints et Saintes du Paradis, priez pour nous; et pendant que nous gémissons dans cette vallée de misères et de larmes, demandez grace pour nous, et nous obtenez le pardon de nos péchés.

A l'Introït.

Seigneur, qui avez inspiré aux Patriarches et aux Prophètes des désirs si ardens de voir descendre votre Fils unique sur la terre, donnez-moi quelque portion de cette sainte ardeur, et faites que, malgré les embarras de cette vie mortelle, je ressente en moi un saint empressement de m'unir à vous.

Au Kyrie, eleison.

Je vous demande, ô mon Dieu! par des gémissemens et des soupirs réitérés, que vous me fassiez miséricorde; et quand je vous dirais à tous les momens de ma vie: Seigneur, ayez pitié de moi, ce ne serait pas encore assez pour le nombre et pour l'énormité de mes péchés.

Au Gloria in exelsis.

La gloire que vous méritez, ô mon Dieu! ne vous peut être dignement rendue que dans le ciel; mon cœur fait néanmoins ce qu'il peut sur la terre au milieu de son exil; il vous loue, il vous bénit, il vous adore, il vous glorifie, il vous rend graces, et vous reconnaît pour le Saint des Saints, et pour le seul Seigneur souverain du ciel et de la terre, en trois Personnes, Père, Fils et Saint-Esprit.

Aux Oraisons.

Recevez, Seigneur, les prières qui vous sont adressées pour nous; accordez-nous les graces et les vertus que l'Eglise, notre mère, vous demande par la bouche du Prêtre, en notre faveur. Il est vrai que nous ne méritons pas d'être exaucés; mais considérez que nous vous demandons ces graces par Jésus-Christ votre Fils, qui vit et règne avec vous, dans tous les siècles des siècles. Ainsi soit-il.

Pendant l'Epître.

C'est vous, Seigneur, qui avez inspiré aux Prophètes et aux Apôtres les vérités qu'ils nous ont laissées par écrit ; faites-moi part de leurs lumières, et allumez en mon cœur ce feu sacré dont ils ont été embrasés, afin que comme eux je vous aime et je vous serve sur la terre tous les jours de ma vie.

A l'Evangile

Je me lève, ô Souverain Législateur ! pour vous marquer que je suis prêt à défendre, aux dépens de tous mes intérêts et de ma vie même, les grandes vérités qui sont contenues dans le Saint Evangile. Donnez-moi, Seigneur, autant de force pour accomplir votre divine parole, que vous m'inspirez de fermeté pour la croire.

Pendant le Credo.

Oui, mon Dieu, je crois toutes les vérités que vous avez révélées à votre sainte Eglise : il n'y en a pas une seule pour laquelle je ne voulusse donner mon sang; et c'est dans cette entière soumission que, m'unissant intérieurement à la profession de foi que le Prêtre vous fait, je dis à présent d'esprit et de cœur, comme il vous le dit de vive voix, que je crois fermement en vous et tout ce que l'Eglise croit. Je proteste, à la face de vos autels, que je veux vivre et mourir dans les sentimens de cette foi pure, et dans le sein de l'Eglise Catholique, Apostolique et Romaine.

A l'Offertoire.

Quoique je ne sois qu'une créature mortelle et pécheresse, je vous offre, par les mains du Prêtre, ô vrai Dieu vivant et éternel !

ce pain et ce vin, qui doivent être changés au Corps et au Sang de Jésus-Christ votre Fils. Recevez, Seigneur, ce sacrifice ineffable en odeur de suavité, et souffrez que j'unisse à cette oblation sainte le sacrifice que je vous fais de mon corps, de mon ame et de tout ce qui m'appartient. Changez-moi, ô mon Dieu! en une nouvelle créature, comme vous allez changer par votre puissance ce pain et ce vin.

Au Lavabo.

Lavez-moi, Seigneur, dans le sang de l'Agneau qui va vous être immolé, et purifiez jusqu'aux moindres souillures de mon ame, afin qu'en m'approchant de votre saint autel, je puisse élever vers vous des mains pures et innocentes, comme vous me l'ordonnez.

Pendant la Secrète.

Recevez, ô mon Dieu! le Sacrifice qui vous est offert pour l'honneur et la gloire de votre saint nom, pour notre propre avantage, et pour celui de votre sainte Eglise. C'est pour entrer dans ses intentions, que je vous demande toutes les graces qu'elle vous demande maintenant, par le ministère du Prêtre auquel je m'unis, pour les obtenir de votre divine bonté, par Jésus-Christ notre Seigneur.

A la Préface.

Détachez-nous, Seigneur, de toutes les choses d'ici-bas; élevez nos cœurs vers le ciel, attachez-les à vous seul, et souffrez qu'en vous rendant les louanges et les actions de graces qui vous sont dues, nous unissions nos faibles voix aux concerts des esprits bienheureux, et que nous disions dans le lieu de notre exil, ce qu'ils chantent dans le séjour de la gloire: Saint, Saint, Saint est le Seigneur, le Dieu des armées ; qu'il soit glorifié au plus haut des cieux.

Après le Sanctus.

Père éternel, qui êtes le souverain Pasteur des Pasteurs, conservez et gouvernez votre Église ; sanctifiez-la, et répandez-la par toute la terre ; unissez tous ceux qui la composent dans un même esprit et un même cœur ; bénissez notre saint Père le Pape, notre Prélat, notre Pasteur, notre Roi et la Famille Royale, et tous ceux qui sont dans la foi de votre Église.

Au premier Memento.

Je vous supplie, ô mon Dieu, de vous souvenir de mes parens, de mes amis, de mes bienfaiteurs spirituels et temporels. Je vous recommande aussi de tout mon cœur mes ennemis et tous ceux dont je pourrais avoir reçu quelque mauvais traitement : oubliez leurs péchés et les miens ; donnez-leur part aux mérites de ce divin sacrifice, et comblez-les de vos bénédictions en ce monde et en l'autre.

A l'Elévation de la sainte Hostie.

O Jésus ! mon Sauveur, vrai Dieu et vrai Homme, je crois fermement que vous êtes réellement présent dans la sainte Hostie. Je vous y adore de tout mon cœur, comme mon Seigneur et mon Dieu. Donnez-moi, et à tous ceux qui sont ici présent, la foi, la religion et l'amour que nous devons avoir pour vous dans ce mystère adorable.

A l'Elévation du Calice.

J'adore en ce Calice, ô mon divin Jésus ! le prix de ma rédemption et de celle de tous les hommes. Laissez couler, Seigneur, une goutte de ce sang adorable sur mon ame, afin de la purifier de tous ses péchés, et de l'embraser du feu sacré de votre amour.

Après l'Élévation.

Ce n'est plus du pain ni du vin, c'est le Corps adorable et le précieux Sang de Jésus-Christ votre Fils, que nous vous offrons, ô mon Dieu! en mémoire de sa Passion, de sa Résurrection et de son Ascension: recevez-le, Seigneur, et par ses mérites infinis, remplissez-nous de vos graces et de votre amour.

Au second Memento.

Souvenez-vous aussi, Seigneur, des ames qui sont dans le Purgatoire; elles ont l'honneur de vous appartenir, et bientôt elles vous posséderont. Je vous recommande particulièrement celles de mes parens, de mes amis et de mes bienfaiteurs spirituels et temporels, et celles qui ont le plus besoin de Prières.

Au Pater.

Quoique je ne sois qu'une misérable créature, cependant, grand Dieu, je prend la liberté de vous appeler mon Père, puisque vous le voulez. Faites-moi la grace, ô mon Dieu! de ne point dégénérer de la qualité de votre enfant, et ne permettez pas que je fasse jamais rien qui en soit indigne. Que votre saint nom soit sanctifié par tout l'univers. Régnez dès à présent dans mon cœur par votre grace, afin que je puisse régner éternellement avec vous dans la gloire, et faire votre volonté sur la terre, comme les Saints la font dans le ciel. Vous êtes mon Père; donnez-moi donc s'il vous plaît, ce pain céleste dont vous nourrissez vos enfans. Pardonnez-moi, comme je pardonne de bon cœur, pour l'amour de vous, à tous ceux qui m'auraient offensé: et ne permettez pas que je succombe jamais à aucune tentation; mais faites que par les secours de votre grace, je triomphe de tous les ennemis de mon salut.

*A l'*Agnus Dei.

Agneau de Dieu, qui avez bien voulu vous charger des péchés du monde, ayez pitié de nous. Seigneur, vos miséricordes sont infinies; effacez donc nos péchés, et donnez-nous la paix avec nous-mêmes et avec notre prochain, en nous inspirant une profonde humilité, et en étouffant en nous tout désir de vengeance.

Au Domine, non sum dignus.

Hélas! Seigneur, il n'est que trop vrai que je ne mérite pas de vous recevoir, je m'en suis rendu tout-à-fait indigne par mes péchés; je les déteste de tout mon cœur, parce qu'ils vous déplaisent et qu'ils m'éloignent de vous. Une seule de vos paroles peut guérir mon ame ; ne l'abandonuez pas, ô mon Dieu ! et ne permettez pas qu'elle soit jamais séparée de vous.

A la Communion du Prêtre.

Si je n'ai pas aujourd'hui le bonheur d'être nourri de votre chair adorable, ô mon aimable Jésus ! souffrez au moins que je vous reçoive d'esprit et de cœur, et que je m'unisse à vous par la Foi, par l'Espérance et par la Charité. Je crois en vous, ô mon Dieu ! j'espère en vous, et je vous aime de tout mon cœur.

Quand le Prêtre ramasse les particules de l'Hostie.

La moindre partie de vos graces est infiniment précieuse, ô mon Dieu ! Je l'ai dit : je ne mérite pas d'être assis à votre table comme votre enfant, mais permettez-moi au moins de ramasser les miettes qui en tombent, comme la Chananée le désirait : faites que je ne néglige aucune de vos inspirations, puisque cette négligence pourrait vous obliger à m'en priver entièrement.

Pendant les dernières Oraisons.

Très-sainte et très-adorable Trinité, Père, Fils et Saint-Esprit, qui êtes un seul et vrai Dieu en trois Personnes, c'est par vous que nous avons commencé ce Sacrifice, c'est par vous que nous le finissons : ayez-le pour agréable, et ne nous renvoyez pas sans nous avoir donné votre bénédiction.

Pendant le dernier Evangile.

Verbe éternel, par qui toutes choses ont été faites, et qui vous étant fait homme pour l'amour de nous, avez institué cet auguste Sacrifice, nous vous remercions très-humblement de nous avoir fait la grace d'y assister aujourd'hui. Que tous les Anges et tous les Saints vous en louent à jamais dans le ciel. Pardonnez-moi, ô mon Dieu! la dissipation où j'ai laissé aller mon esprit, et la froideur que j'ai ressentie en mon cœur dans un temps où il devait être tout occupé de vous, et tout embrasé d'amour pour vous. Oubliez, Seigneur, mes péchés, pour lesquels Jésus-Christ votre Fils vient d'être immolé sur cet autel : ne permettez pas que je sois assez malheureux pour vous offenser davantage ; mais faites que, marchant dans les voies de la justice, je vous regarde sans cesse comme la règle et la fin de toutes mes pensées, de toutes mes paroles et de toutes mes actions. Ainsi soit-il.

Avec permission.

www.ingramcontent.com/pod-product-compliance
Lightning Source LLC
LaVergne TN
LVHW020108100426
835512LV00040B/2037